《国学名句故事绘》

曾国藩家书

谭发宝/编译

天地出版社 | TIANDI PRESS

图书在版编目（CIP）数据

《曾国藩家书》名句 / 谭发宝编译. —成都：天地出版社，2013.1（2019.12重印）
（国学名句故事绘）
ISBN 978-7-5455-0787-4

Ⅰ. ①曾… Ⅱ. ①谭… Ⅲ. ①《曾国藩家书》—名句—鉴赏 Ⅳ. ①B827=52

中国版本图书馆CIP数据核字（2012）第215175号

《ZENGGUOFAN JIASHU》MINGJU

《曾国藩家书》名句

出品人　杨　政

作　　者　谭发宝　编译
策　　划　李　云
组　　稿　李　云　郭汉伟
责任编辑　郭汉伟
责任校对　程于　等
封面设计　云文书香
电脑制作　跨克创意
责任印制　桑　蓉

出版发行　天地出版社
（成都市槐树街2号　邮政编码：610014）
网　　址　http://www.tiandiph.com
电子邮箱　tianditg@163.com

印　　刷　山东省东营市新华印刷厂
版　　次　2013年1月第一版
印　　次　2019年12月第五次印刷
成品尺寸　160mm×215mm　1/28
印　　张　5
字　　数　88千
定　　价　25.00元
书　　号　ISBN 978-7-5455-0787-4

咨询电话：（028）87734639（总编室）

前　言

曾国藩是中国近代史上一位重要的人物，被誉为清帝国的“中兴名臣”、晚清“第一名臣”。他本为一介儒生，具有文人的气质，舞文弄墨，悠游徜徉；同时他又为有名勇将，气度非凡，驰骋神州。曾国藩一生酷爱读书，著述颇丰，并注重将他的学问和才华运用于领军治国的实践之中。他一生之中，给家人写了大量的书信，有一千五百封之多，记录了他从清道光三十年（1850年）至同治十年（1871年）之间的翰苑和从武生涯，涉及许多历史事件，也有很多真情流露和人生处世之谈，从中反映了他在修身、齐家、治学、养兵、交战、交友、处世、养生等方面的思想。这些家书因内容丰富、文辞优美、感情恳切、体现人伦典范而流传甚广，其中的许多名句朗朗上口、隽永深远，乃真知灼见，发人深省，耐人寻味。

此次，《曾国藩家书》被收入“国学名句故事绘”第二辑丛书中。因其内容丰富，知识量大，考虑到普及的需要，编者选取了其中最具代表性的66则名句，逐条释义、明理、讲故事，辅之古图，以供读者阅读理解。作为具有人生教益的国学普及读本，编者衷心期望本套书能对读者朋友的生活、学习有所裨益。

修身篇

治学篇

交友篇

处世篇

持家篇

从业篇

养生篇

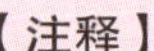

刚柔互用，不可偏废，太柔则靡，太刚则折。

【注释】

刚：强壮矫健。柔：谦虚退让。靡：倒下。折：折断。

【译文】

强壮矫健和谦虚退让的品质要同时具备，不可只取其一；如果一味谦虚，则容易一事无成；太过刚强，则容易招致祸害。

【道理】

为人处世，不能太刚也不能太柔，刚柔之间，过犹不及。人的一生中，会经历不同的阶段，这需要我们或者以刚强应之，或者以谦让待之。在需要独挡一面的时候，如临危受命时，要有“当仁不让、舍我其谁”的担当；在需要收敛的时候，如面对名利亲友的时候，则须谦虚礼让。太刚强和太柔弱都会导致失败的结局。

暴胜之持斧

汉武帝当权末年，山东泰山琅琊一带盗贼猖狂。汉武帝派遣直指使暴胜之前往平乱。只见他身穿绣衣，挥舞着斧头，深入贼中，分部驱逐抓捕，刺史郡守以下多被捕杀。

暴胜之听说隽不疑是贤良的人，于是想要与他见面。隽不疑得知，便盛装前往拜访暴胜之。暴胜之把他迎到上座，隽不疑对暴胜之说：“凡是做官的人，太刚强就会被削除，太柔弱就会被废除。有威严地行动，并且施恩造福百姓，才可能有好下场。”暴胜之听了，面色一变，幡然醒悟。他接受了隽不疑的规劝，并且向朝廷郑重推荐了隽不疑。

宋·马远《水图之二——洞庭风细》

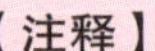

勤俭自持，习劳习苦，可以处乐，可以处约，此君子也。

【注释】

自持：自己保持。约：俭约。

【译文】

能够坚持过勤劳而简朴的生活，习惯劳苦，既懂得享乐又懂得简朴节约的人才算得上是君子。

【道理】

人生不如意，十之八九。不管面对富足的财富还是简朴拮据的生活，都要泰然处之。只要勤劳节俭，吃苦耐劳，就能像君子一样坦荡荡，心安神宁。

殷仲堪食米

东晋的殷仲堪读书守道，天性淳朴，一向节俭。当他都督三州军事的时候，荆州遭遇连年旱灾，收成很差，他就更加节俭。他每次吃饭只吃几小碗饭菜，从不多求；每次他都会把饭菜吃得精光，要是有饭粒掉在席子上，他都要马上捡起来吃掉。他总是对他的弟子说：“别人看到我地位较高，声名显赫，觉得我应该放弃过去的生活作风，不要再那么节俭。但是我在这个位置上心里常惴惴不安。贫困是士大夫们的常事，怎么能因为登上了高位就放弃他本来的性情呢。你们要好好记住这个道理啊。”

清·《竹林七贤图》（顾绣）（局部）

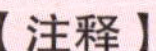

天地间唯谦谨是载福之道，骄则满，满则倾矣。

【注释】

谦谨：谦虚谨慎。满：自满。倾：倾倒。

【译文】

在天地之间，只有谦虚谨慎是能够承载幸福的办法，骄傲会使人自满，自满的人就会失败。

【道理】

在我们打拼人生的过程中，要时时警惕、谦虚谨慎，切不可骄傲自满。骄傲，不但让人止步不前，还会伤害他人，招致祸害。只有秉持谦虚谨慎的品德，才能一如既往地让自己的事业和品德更上一层楼，实现持久提升，同时也才能让我们在竞争激烈的人类社会中保有自己的位置。

诸葛恪盈满而倾

诸葛恪是三国时期吴国人。他是诸葛亮的侄子，吴国大将军诸葛瑾的长子。他从小才思敏捷，深得孙权赏识。屡立战功后，他被孙权命为大将军，主管上游军事。孙权去世后，他的儿子孙亮继位，诸葛恪继续掌握吴国军政大权。他通过减免赋税、取消监视等一系列的措施，获得了较高的民望。吴国重建东兴大堤，魏国认为侵犯了其国土，于是兴兵攻打吴国。诸葛恪亲自率领四万精兵迎战。魏军见吴军的先头部队人数不多，故而轻敌，诸葛恪轻松取胜，虏获了不少财物。然而，这个意外的胜利却让诸葛恪变得骄傲自满。东兴之战后不久，他又想乘势再度攻打魏国。有大臣规劝他，他却不顾众人反对，执意出动二十万兵围攻合肥新城。不料却中了魏国的计谋，不但错过了获胜的机会，而且因为暑热带来的疾病让吴军孱弱不堪。诸葛恪却不以为然，最终遭受了惨重的失败。战败后，诸葛恪还不汲取教训，依然骄傲自满，不愿撤兵。他的刚愎自用令吴国军民十分失望。后来，为了掩饰过错，他越发独断专权，终究招来杀身之祸。

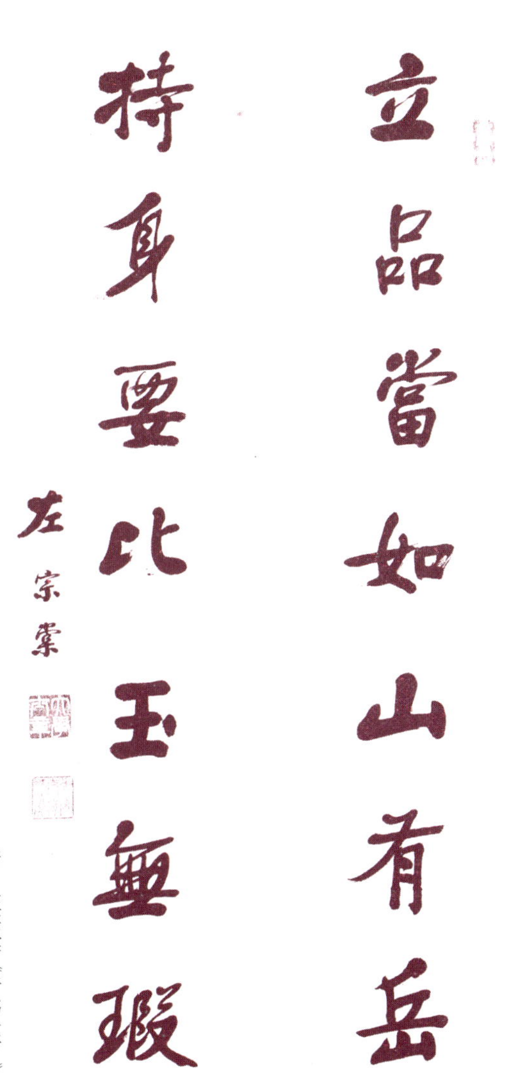

清·左宗棠《行书七言》

有则改之，无则加勉。

【注释】

加勉：用以勉励自己。

【译文】

如果自己确有过失，则要改变；如果自己没有过失，则要警醒自己，勉励自己不犯如此过失。

【道理】

人的一生，蹉跎跌宕，难免会有过失。当别人对我们提出意见的时候，我们可能羞于面对自己的缺点而恼羞成怒。倒不如采取这样的态度：如果别人说得对，确实指出了自己的不足，则要虚心改正；哪怕别人说错了，也可以把它当成是一种提醒，以此警示自己。

李泌改过

唐代的名臣李泌，小的时候就十分聪明，七岁就写得一手文章。他曾经写了一首《长歌行》，看过的人都觉得很了不起，只有张九龄没有赞扬他，反而告诫他说："把武器藏在自己的身上是古人看重的事，现在你这么早就名声大起，过早成名，可能会损耗你的才华。你应该韬光养晦，好好学习，这样才能有大作为！况且，你还是个小孩子呢！"李泌听了之后，马上醒悟过来，对自己的所作所为感到愧疚。于是他对张九龄谢了又谢，从此改变了自己的态度，再也不骄傲炫耀了。

清·文点《看山图》

终身让人道，曾不失寸步。终身祝人善，曾不损尺布。

【注释】

祝：给予。

【译文】

一辈子都给人让路，自己就从来不会被他人抢步而失足跌倒；一辈子为他人做好事，自己也不会损失一尺布。

【道理】

想要得到别人的谦让，首先要谦让他人。只有懂得奉献，才不会损失自己的东西。我们谦让他人、给予他人，表面上看，我们吃了亏，但是实际上，我们会得到更多的回报。

鲍叔牙让利

鲍叔牙是春秋时期齐国的大夫。他年少的时候就结识了管仲，并与之成为很好的朋友。管仲当时比较贫困。鲍叔牙和他一起做买卖，挣了一些钱。在分这些钱的时候，管仲总是要给自己分得多一些。然而鲍叔牙却不介意，反而十分同情管仲，知道他比较贫穷，更加需要钱。后来，管仲当官，却更加贫困，鲍叔牙认为人生会有时顺利有时不顺利罢了。再后来，管仲三次当官，三次被罢免，鲍叔牙都不认为是因为他没有才能，而只是认为他没有遇到合适的时机罢了。管仲后来又参加了几次战役，每次都落荒而逃，鲍叔牙也不认为他胆小怕死，而是十分理解他为报母恩而做的选择。即便后来管仲下狱，鲍叔牙也不以结识管仲为耻辱。鲍叔牙对管仲如此的包容和理解，感动了很多人。虽然后来管仲辅佐齐恒公成了一代霸主，但很多人都没有赞美管仲的贤良，反而钦佩鲍叔牙善解人意。鲍叔牙让利管仲，看起来损失了一些金钱，但是他得到了“知人”的美名，让后人景仰不已。

元·王振鹏《伯牙鼓琴图》（局部）

富贵功名皆人世浮荣，唯胸次浩大是真正受用。

【注释】

胸次：胸怀、心胸。浩大：浩瀚广大。受用：对自己有帮助。

【译文】

富贵和功名都是人世间虚浮的荣耀，只有胸怀广阔才真正对人有帮助。

【道理】

富贵功名，这些东西虽然我们看得见，但是它们往往如过眼云烟。对我们来说，真正让人生有意义、有帮助的是我们的胸怀。胸怀宽广才能包纳一切，才能让我们不但成就自我，同时在一生的体验中得到除了富贵功名之外的更多的东西——知识、智慧和爱。

慷慨服人

庾子嵩是西晋人，他恢弘有度量，视功名钱财如粪土。当时，有一个名叫刘庆孙的人在太傅府任职，他设计陷害了很多有名望有才华的人士。只有庾子嵩超然物外，与世无争，让刘庆孙抓不到把柄。正无计可施的时候，刘庆孙听说庾子嵩特别节俭，而家里却很富有。他计上心头，于是怂恿太傅向庾子嵩借钱千万，如果他表现得十分吝啬而不肯外借，那就可以乘机陷害他了。后来，太傅设宴，邀请了庾子嵩，并在大庭广众下向庾子嵩借钱。庾子嵩这时已经颓然醉倒了，不小心将头巾滑落在桌子上。他便顺势低头捡起头巾，戴好后慢吞吞地回答：“下官家确实约有两三千万钱，随便您取用多少都可以。”刘庆孙听了，知无机可乘，这才心服了。正是庾子嵩的磊落胸怀，让小人不能陷害于他。倘若他不能看破富贵功名，早已被刘庆孙祸害矣。后来有人向庾子嵩说起这件事，庾子嵩说道：“他可真是以小人之心，度君子之腹啊！”

清·顾沄《仿石涛山水图》

须有一种谦谨气象，勿恃其清介而生傲惰也。

【注释】

谦谨：谦虚、谨慎。清介：清正、耿直。傲惰：骄傲、懒惰。

【译文】

必须有一种谦虚、谨慎的气象，不能自以为清正、耿直，所以就骄傲、懒惰。

【道理】

清正、耿直固然可贵，但是不能过而为之。因清高而自以为是，以为自己已是世间最有能耐的人，并因此而变得傲慢而懒惰，这实际上会导致自己停滞不前，终将受到社会的抛弃。我们更需要有一种谦虚谨慎的胸怀，不管何时何地，都能够正确看待自己和他人，不自满不懒惰。

贺钦画匾

明代的贺钦曾经在陈献章先生门下学习。他天资聪颖，也比较努力，很快就在同学当中脱颖而出。他经常跟其他人侃侃而谈，炫耀自己的学识。有一次不小心被他的老师看到了，陈献章先生就对他说："你怎么能这样锋芒毕露呢？你应该好好涵养，内敛一些，才能够深沉平和。这才是求学治学做人之道。"贺钦听了，十分惭愧，知自己自恃才高，露出傲气，十分不妥。于是他在后花园中建了一间书房，并且在房内挂上"深沉和平"的匾额时时自警。

清·袁江《山水楼阁屏》（之八）（局部）

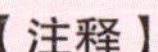

内有整齐思虑，外而敬慎威仪。

【注释】

思虑：思考、考虑。敬慎威仪：尊重别人又谦虚谨慎，还要有威严之仪态。

【译文】

自己要有清晰的思路和考虑，外在表现时则要谨慎而尊敬别人，同时不失自己的威严。

【道理】

内外兼修是必要的。对内，头脑清晰、思路清晰，遇事才能知道如何应付。同时，缜密的思虑，也能让人变得自信而泰然，并显得有尊严而举止服人。同时，注意自己的仪表仪态，令自己显得有威严，其思想才能更多地被人接受和理解。

“殿上虎”刘器之

宋代司马光的好朋友刘器之是宋代有名的谏官。他总是十分严肃地立于朝廷之上。只要他知道的事，他没有不说的；只要他开始说，他就不会有保留，直到说完为止。凡事入谏之前，他总会梳理思虑，让其条分缕析；在讽谏的时候，他总是首先论证事情的是与非、正与邪。他常常给皇帝推荐君子，斥退皇帝身边的小人，如果有人要跟他争辩，他也会奉陪到底。他有时也会激怒皇帝。要是皇帝发怒了，他就执简立于一旁。等到皇帝稍稍平息怒气之后，他就又会操持前论，更加推演深入，志在说服皇帝。其他同在朝廷的人多被吓得汗流浃背，缩头缩颈，他们私下里都把刘器之叫做“殿上虎”。

明·唐寅《幽人燕坐图》

从古帝王将相，无人不由自立自强做出，即为圣贤者，亦各有自立自强之道，故能独立不惧，确乎不拔。

【注释】

确乎不拔：顶天立地不能摧折。

【译文】

自古以来，帝王将相没有人不是从自立自强中走出来的。即便是圣贤的人，也都各人有各人的自立自强之道，所以他们才能独立不惧，确乎不拔。

【道理】

成功并不是天生的，与人们后天的努力奋斗是分不开的。哪怕生在帝王将相家，不努力也只会成为社会的蠹虫。成功人士都有一个共同点，那就是自强自立。因为能够自强自立，所以他们能够独立自主，分辨是非，能够经受邪恶的诱惑和摧残，故而能够历经风霜，出人头地。

诸葛亮立志

诸葛亮是三国时期著名的蜀汉丞相。他早年躬耕于南阳隆中，自视甚高。他和崔州平、石广元、孟公威、徐庶四人是很要好的朋友。这四个人学习都非常用功，学问广博，力求精通。诸葛亮与他们不同，往往是从大局而观之。他们五个朋友经常一起促膝长谈。有一次，诸葛亮对他的朋友们说：“你们当官的话都可以做到刺史和郡守。”那四个朋友忙问诸葛亮的志向是什么。诸葛亮笑而不答。他经常说自己是和古代的管仲、乐毅一样有才能的人。徐庶等人对他十分佩服，知道他并非狂傲之才，所以也比较认同。但是当时的人并不认可他的说法，认为他不过是自视甚高罢了。诸葛亮虽然自命与管仲、乐毅一样才高力强，却没有因此而骄傲且懒惰。实际上他十分谦虚谨慎，日日读书，夜夜研究天下大势，对时局有了很多独到而深刻的看法。在刘备三顾茅庐后，他最终肯见刘备并出山助其成就了霸业。

清 · 苏六朋《三顾茅庐》（局部）

莫怕寒村二字，莫怕悭吝二字，莫贪大方二字，莫贪豪爽二字。

【注释】

寒村：偏僻贫穷的村落。

【译文】

不要害怕“寒村”两个字，不要害怕“悭吝”两个字，不要特别想听“大方”两个字，也不要特别想听“豪爽”这两个字。

【道理】

我们都觉得“寒村”“悭吝”是贬义词，而“大方”“豪爽”是褒义词。就因为这个原因，我们总是把自己表现得“大方”“豪爽”，以至于大手大脚、铺张浪费。我们不应该怕听到别人说自己“寒村”“悭吝”，宁可让别人这样评价自己，也要力行节俭。

司马光宴客

北宋著名的历史人物司马光十分节俭。他曾对自己说：“我的父亲做群牧判的时候，其他的官员来做客也会准备酒水，宾客们劝酒，或者三行或者五行，最多不过七行。而酒水就是一般市场能买到的，水果就不过是栗子、枣子、柿子，菜肴只不过是一般的脯蔬菜汤，所用的器具不过是些瓷器漆器。当时的士大夫都是这样做的。人们也不会互相议论这样做的是非。他们的聚会不多，但是礼仪的往来确实很密，东西虽然很不值钱，情意却十分厚重。现在的士大夫，如果宴会的酒不是秘制的，水果不是来自远方的珍稀之物，食品不是丰富多样的，器皿没有摆满整张桌子，就不敢请客人来参加宴会。常常好多天之前就开始准备，然后才敢写信邀请。如果不这样，人们就对那个人议论纷纷，说他十分小气。所以不跟随世俗奢侈之风的人就很少了。像这样奢靡的风气，我们居位者虽然不能禁止，但怎么忍心去助长它呢？”由于他的倡导，他在洛阳与诸位老朋友聚会的时候，就互相约定好酒和果品食物都不能超过五种。这个聚会被称之为“真率会”。

宋·佚名《春宴图》（局部）

至于作人之道，圣贤千言万语，大抵不外敬恕二字。

【注释】

作：同“做”。敬：恭敬、慎重，指自己要有敬畏、严肃、慎重之心。恕：仁也，指对他人要有仁爱、包容之心。

【译文】

至于做人的道理，古代的圣人贤良有过很多解释，但是归根结底，不外乎“敬”和“恕”这两个字。

【道理】

人生在世，常常遇到应该如何对待自己和对待他人的问题。对待自己，我们要时时有敬畏、严肃、慎重之心，不妄言不胡为；对待他人，则要有一颗包容理解的心，所谓“严己宽人”是也。

司马光善人

北宋的名人司马光有一颗怜悯包容的心，不但对待好人如此，甚至对待坏人也十分怜悯且包容。有一年，司马光家修了一幢新房。新房刚建好的第一天，他去看新房。忽然他看到墙外面暗暗埋了很多竹扦，忙问官家这是怎么回事。管家告诉他，这是为了防止盗贼的。司马光听了说道：“我的竹篓里能有什么会招致盗贼前来光顾？哪里需要设什么防。而且盗贼也是人啊！你赶紧让工人们把那些竹扦都清理掉。君子要用他的善良让人信服，不如用他的善良来包容人感化人。

包容感化盗贼，使他们能够改正错误，这样的大爱才是一座大烘炉啊。”

元·倪瓒《六君子图》

泰而不骄、威而不猛。

【注释】

泰：舒泰。威：威严。

【译文】

舒泰而不骄傲，威严而不鲁莽。

【道理】

不论人多还是人少，碰到大事或者小事，都不能怠慢，要做到舒泰而不骄傲。同时，总是注意自己的气度形象，让别人觉得自己富有威严，心生敬畏，这样的威严而不鲁莽对于塑造个人形象十分有用。

二程入寺门

南宋的程颢和程颐两位理学家是兄弟。但是他们的性情有些不同，弟弟程颐很严肃，让人觉得冷冰冰不好亲近；而哥哥程颢则和气有加，平易近人，但是又不失其威严，人们说他得到了“孔氏家法”的真传。

有一天，程颢与弟弟程颐一同去一座寺庙游玩。哥哥程颢从左边的门进去，弟弟程颐由右边的门进去。跟随程颢进去的人数以百计，从右边的门进入者却只有寥寥数人。看到这种情况，程颐感叹道：“这就是程颐我不如我哥哥的地方啊！”

清·曾国藩《楷书七言联》

人之气质，由于天生，本难改变，唯读书则可变化气质。

【注释】

略。

【译文】

人的气质由于是天生的，本来很难改变，只有通过读书才可以改变一个人的气质。

【道理】

气质是人由内而外的精神体现。面相衣装的改变，并不能改变一个人的气质。气质，只有通过孜孜不倦的学习和思考，通过不断地增长见识，充实精神，提高个人素质来改变。

吕东莱变气质

南宋吕祖谦是著名的思想家、文学家，人称东莱先生。但是他小时候却毫无书生气质，反而生就了一副粗暴的脾气——吃喝的东西不如意，他就会把锅瓢碗碟都打碎，以此宣泄心头的火气。后来，他生了一场大病，病得很重，卧床不起了。躺在床上，他感到百无聊赖，空虚得发慌。无意间他瞥见旁边有一本《论语》，便顺手拿起来翻阅，竟然觉得意味颇深，甚至着迷。自此一发而不可收，无聊时，他就拿着《论语》孜孜不倦地阅读。读完之后，忽然觉得自己心中的不快变得平和了。病好以后，他就再也没有暴怒过。其气质变化就是从一本《论语》开始。

明·杜堇《东坡题竹图》

一张一弛，环循以消息之，则学可进而体亦强矣。

【注释】

消息：减少、增加。

【译文】

有紧张的时候，有放松的时候，这两种状态循环往复，循序渐进，那么学业会有进步，同时身体也会变得强壮。

【道理】

身体是我们从事所有人生活动的基本。学习固然重要，健康也一样重要。不能因为学习而牺牲了健康。通过一张一弛循环的调节，身体能得到休息，更容易集中精力进行学习，也才能学业健康都有长进。

带经而锄

东汉著名文学家皇甫谧小时候不喜欢读书，游手好闲，肆无忌惮。人们都说他没有什么出息。后来，他的叔母教育了他一番，说得他痛哭流涕。自此，皇甫谧幡然醒悟，于是开始到学校学习，与其他同学一起接受教育。他学习十分用功，从不停歇。因为家里比较贫穷，需要他下地种田才能维持生活。于是，他耕种劳作的时候，都要把经书带在身上，工作累了，就在田埂边、大树下读书。长此以往，他博览群书，百家之言无不涉猎。后来，他终于度过了生活的困顿期，变成了名噪一时的大学者，而且身体也变得很强健了。

明·文伯仁《南溪草堂图》（局部）

求业之精，别无他法，日专而已矣。

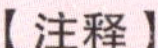

【注释】

精：精进。日专：每天都专攻。

【译文】

为了达到学业的精进，没有其他的办法，只有日日专攻一项。

【道理】

学业可以多管齐下，博览多学，但如果要在某一方面有很深的造诣，就应该专攻它。专攻某门学问，一蹴而就是不可能的。知识学问需要长期的积累，这就要求我们日日为之。如果今天学这样，明天学那样，总没有一样能坚持下去的，那么学业也会流于浮浅，不能深入精湛。

高凤专精

东汉有一个读书人名叫高凤。他年轻时以种田为生，但一直专心学习、刻苦钻研典籍，夜以继日，从不停止。有一次，他的妻子去田地里干活，出发前在庭院里晒了麦子，就让高凤看住麦子不让鸡来偷吃。高凤答应了。不久，天突然下雨了，可高凤浑然不觉，只知拿着驱赶鸡的竹竿读书。他如此专心沉醉，以至于没有发觉雨水已经把麦子冲走了。他的妻子回来后十分生气，就责问高凤怎么回事。这个时候，高凤才发觉麦子被雨水冲走了。正因为高凤的这种日日专心读书精研，后来他成为了一位有名的学者。

明·周臣《夏畦时泽图》

用功譬若掘井，与其多掘井而皆不及泉，何若老守一井，力求及泉而用之不竭乎？

【注释】

何若：不如。及：到。

【译文】

人们求学用功就像挖井一样。与其挖很多井都没有挖到泉眼，不如总是挖一口井，尽自己的能力挖到泉眼为止，然后就可以取之不竭了。

【道理】

有时候，样样通却没有一样精通，不如就精通一样。在某一方面做专家，知识学问越深入就越能让我们视野开阔，越是积累我们就越能得到更多的知识。

韦宋宣文治学

前秦时，有一个人叫韦逞，他的母亲宋氏生于儒学大师家中。宋氏幼年时候母亲就去世了，由她的父亲抚养长大。在父亲的熏陶下，她对《周官》产生了浓厚的兴趣。她一直致力于礼乐官制的学习和研究，甚至生了儿子韦逞以后也没有放弃，反而是更加用心地专攻这个领域。后来他的儿子韦逞官至太常（古代朝廷掌管宗庙礼仪的官员）。前秦的君主苻坚视察太学的时候，发现没有开设礼乐这门课程，深感遗憾。博士卢壶推荐已八十高龄的宋氏作为老师开设这门课。苻坚听说后十分高兴，就请宋氏在家中开设学堂，选派一百多名学生跟随她学习，并赐宋氏为宣文君。宋氏也就成为了中国古代的第一位女博士。

明·仇英《人物故事图——吹箫引凤》

盖士人读书，第一要有志，第二要有识，第三要有恒。

【注释】

有志：有志向。有识：有见识、有见地。

【译文】

士人们读书，第一要有志向，第二要有见识，第三要有恒心。

【道理】

读书不仅仅是翻书而已。读书先要立下志向，找到自己的方向，这样才不会浪费时间在无谓的寻找中；其次，与其全信书不如无书，要懂得运用自己的判断力来审视接触到的书籍和知识；还要持之以恒，切莫三天打鱼两天晒网。做到这三者，才会学有所成。

邴原读书

东汉末的大学者邴（bǐng）原十一岁的时候父亲就去世了。因此他家里十分贫困。在他的家旁边有一个书舍，他每次经过那个地方，都会流泪哭泣。那里的老师看到了，就问他为什么伤心。邴原说：“孤单的人容易伤心，而贫困的人容易伤感。我很小就无依无靠，还不知道学习是什么。想到这个，心里就很难过，不知不觉就流泪了。”老师听了，非常同情他，就对他说：“那你为什么不读书呢？”邴原回答：“因为我没有钱，交不起学费啊。”老师说：“你如果真的有志向，我愿意教你，不需要你交学费。”于是，邴原就跟着这个老师学习。共用了一个冬天的时间，他就精通了《孝经》和《论语》。到他长大一些，他就背着竹篓，开始四处徒步游学。他到安丘，就拜孙崧为老师；到陈留，就拜韩子助为老师；到颍川，就拜陈仲弓为师；到汝南，就拜范孟博为师；到涿县，就拜卢子干为师。当时，北海的郑元十分著名，是学界泰斗，而邴原虽然出身贫寒，并且比这位泰斗年轻得多，但是没过几年，邴原的名声已经能与这位泰斗相媲美了。

清·冷枚《养正图》（之五）

汉灵帝时，少年魏照仰慕学者郭泰，以“经师易获，人师难遇”，请求侍奉左右。

读书之法，看、读、写、作，四者每日不可缺一。

【注释】

略。

【译文】

读书的办法，阅读、朗诵、书写、创作，这四方面每天都要有，不能缺少任何一项。

【道理】

读书，若只是消遣、装点门面，所得将甚少。读书，不仅仅是阅读，也不仅仅是朗诵，还要加以实践，学以致用，这样才算真正掌握了知识，学业也才会踏实进步。

郑虔贮叶

唐代的郑虔，小的时候家里十分贫困，但他却十分好学。因为家里太贫困，买不起纸，即使他想写文章也不能。但是这并没有使他气馁。他立下志向，一定要考取功名。为了实现自己的志向，他想了很多办法来学习。那个时候，他常常到慈恩寺去扫柿树的落叶，并把那些落叶贮藏在自己的房子里，以至于有好几个小屋子里都是这些树叶。有了这些树叶，他就可以用它们来代替纸张了。他十分好学，每天都要读书写字，每天都要在树叶上练隶书。很快，所有的叶子都被他写上了字。就是靠着这种精神，他考取了功名。唐玄宗设置广文馆的时候，十分爱惜郑虔的才华，让他在广文馆做博士。

清·康涛《孟母教子图》(局部)

再进再困，再熬再奋，自有亨通精进之日。

【注释】

困：困顿，指学业遇到瓶颈。熬：煎熬，指苦力攻破。亨通：顺利通达。

【译文】

在学业上攻克了一个瓶颈后，进步到一定的阶段，又会再遇到瓶颈，再煎熬一下，努力攻克它，就可以更上一层楼，如此前进，自然会有通达精进的一天。

【道理】

在学业上，我们难免会遇到难关。但退缩并不是解决的办法，相反，知难而进，迎头赶上，经过一番勤学苦思之后，难关自然便能攻破，前景自然也就朗阔了。但是这并不是结果，我们会在下一阶段的学习中再遇到难关，以同样的精神攻破后不停前进，最终我们的学业能够达到一个很高的水平。

尹儒学车

《吕氏春秋》记载了一个叫尹儒的人学习驾车的故事。他求师学艺了三年仍无所得，为此很苦恼。但是他始终没有放弃，每天还是十分用功地练习。日有所思夜有所梦，他经常梦到自己学习驾车。一天夜里，他梦到自己从老师那里学到了秋驾的技术。第二天他起床后去拜见老师。老师看见他就说：“我从前并不是吝惜技艺不教你，而是怕你接受不了。今天我就教你秋驾的方法。”尹儒转身后退几步，向老师拜了拜说：“这种技艺我昨天夜里已经在梦里学习过了呢。”说完，他就开始向老师描述自己在梦中所学的技艺。老师听了，就说这正是秋驾的技艺。

清·王鉴《仿古山水图册》（之八）

学问之道无穷，而总以有恒为主。

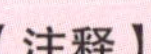

【注释】

略。

【译文】

学问的道路是无穷尽的，总要以恒心求得进步。

【道理】

面对浩瀚的知识海洋，我们看不到尽头。不要望洋兴叹、轻言放弃，也不要不知所以、举步不前，重要的是要有恒心，不懈航行，活到老、学到老，这样自己的知识才会越来越丰富，才能适应不断变化不断进步的世界。

司马光读书

北宋著名史学家、政治家司马光在公务之余，常常在自己的“赐书阁”中整理史料。只有一个老仆人伺候他。到晚上八九点钟的时候，司马光就会让老仆人先去睡觉。他自己用功到半夜，直到十分犯困的时候才熄灭火烛去睡觉。到早上四五点钟时，他又已经醒过来了。据说司马光有一个圆木枕，突兀兀的，睡起来硬邦邦，很不舒服。所以他很早就醒过来，醒来之后又起身点亮蜡烛书写著述。司马光几乎日日如此，从不倦怠。正是靠着这种持之以恒的精神，他最终完成具有极高史学和文学价值的传世巨著《资治通鉴》。

宋·佚名《孔门弟子图》（局部）

颜回，字子渊，为孔子最得意的弟子。被尊为『复圣』。

勤则有材而见用，逸则无能而见弃。

【注释】

勤：勤劳。见：用在动词前面表示被动。用：任用。逸：享乐。弃：遗弃。

【译文】

勤劳能够发挥自己的特长，历练自己的天资，最终会被人发现他的才华并被任用。而贪图享乐的人，会因为没有才能而遭到遗弃。

【道理】

每个人都有一定的天资。但一个人仅仅靠天资还不一定能成功，要发挥才能铸造成功；只有通过不懈的努力，勤苦磨炼，才能最终锻造成对社会有用之才。如果贪图享乐，即便是天才，也会徒然荒废才华，变成一无是处的庸人。

王闿运读书

清代的大学者、大文学家王闿运小的时候比较笨，超过一百个字的文章都读不懂。这让他十分懊恼，时常责备自己。但是他没有放弃，而是咬牙坚持学下去。虽然天资不够聪敏，但是他并没有因此而改志，而是发愤图强，每天都严格要求自己，早上学习的东西，记不住的话他就不吃午饭；下午到晚上所学习的东西，要是不能理解的话，他就不睡觉。王闿运这样坚持了好几年，到十五岁的时候已经懂得训诂的方法，到二十岁的时候已经对四书五经十分精通，到二十四岁的时候已经对中国古代的制度明了于心，并开始做考古学方面的研究。此后，他更是对经学颇有造诣，于是名声大振，也在朝廷里面做了官。但他还是十分刻苦治学，寒暑无间。经史百家无不诵读学习，还不停地给古书做笺注、校对，阐明其中深奥的道理，提出了许多前人从未有过的精辟见解。

明·刘珏《山居读书图》

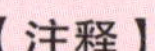

若事事勤思善问，何患不一日千里？

【注释】

何患：怎么会担心。

【译文】

如果每一件事都常常思考，多多发问，怎么会担心不会很快长进呢？

【道理】

读书读书，不能读死书、死读书。读死书的方法只会事倍功半，很难立竿见影。倒不如多多思考，常常发问。日积月累的思考和发问，更能看到自己的疑惑之处，也更能对知识有更深入更全面的看法，自然更容易掌握和运用。

许鲁斋教学

许衡，又称鲁斋先生，是元代著名的思想家、教育家和天文历法学家。他曾经长期担任国子监祭酒，主持教育工作。他教育学生的时候恳切周到，尽心尽责，不厌其烦，一定要让学生明白道理、掌握知识为止。他经常问他的学生，某一章书的道理如果推之自身和当下社会的话，会不会有什么用途。他总是对他的学生说：“觉得书中没有疑问的地方最后却看出了疑问，有疑问的地方最后看出没有疑问，这样读书学习才是有益的。”

明·蓝瑛《雪山旅行》

买书不可不多，而看书不可不知所择。

【注释】

择：选择。

【译文】

买书不能不多买些，而看书就不能不知道怎么选择。

【道理】

广泛涉猎可以扩大我们的视野，增长我们的见识，让我们的知识结构更加全面。然而漫无目的的看书和不做任何选择的涉猎，又是不可取的。一来时间有限，须知道自己最想了解的是什么知识，进而有所选择。另外，还要知道怎么选择一本好书，让每次开卷都有益，而不是徒然浪费时光，最后一无所获。

苏秦读书

战国时期的著名说客苏秦曾经在齐国学习，拜鬼谷子为师。学了很多年后，他四处游说诸侯，但是都没有得到重视，最终贫困潦倒，走投无路，只好赋闲家中。他的兄弟姐妹甚至连嫂嫂、妻妾都笑话他："我们周人的习俗是，做些产业，致力工商，选择一两个作为自己的行当。现在你舍本逐末，以口舌为业，这样的失败也是十分自然的。"苏秦听了，十分惭愧，黯然神伤，于是闭门不出，把自己所有的藏书都翻检一遍，发现都是些不能让他有所进步的书。于是他感叹道："士人们埋头读书，但是却不能用这些书来得到尊贵的地位和荣耀，这样的书再多有什么用呢！”后来，苏秦找到了一本周书《阴符》，对它爱不释手，日日研读揣摩。第二年，他觉得自己的口舌功夫已经长进不少，于是对自己说：“现在我可以游说当世之君了！”后来他果然成为了有名的说客。

清·袁江《山水楼阁屏》（之十一）（局部）

凡专一业之人，必有心得，亦必有疑义。

【注释】

疑义：疑惑之处。

【译文】

凡是集中精力在某个领域的人，必然有很多关于这个领域的心得和收获，同时也一定有很多疑问。

【道理】

学也无涯，越是专注一业，深入研究一门学问，得到很多新知识的同时，也会遇到更多尚未得到解答的问题。这是十分正常的。正是这些疑问，让我们不会在学习的道路上停滞不前，激励着我们的学业更上一层楼。

车胤重劳

晋代的车胤（yìn）曾任国子监博士，官至吏部尚书。当时，孝武帝将要讲《孝经》，谢公兄弟与其他人在自己的庭院里讲习。车胤听了讲习，却有很多疑问，但是他感到不好意思开口烦扰谢公。于是他对袁羊说：“不问就觉得德音有遗漏，多问就又觉得让两位先生劳累了。”袁羊就说：“这件事你肯定不用担心的。”车胤就问：“你怎么知道？”袁羊说：“你什么时候看到明亮的镜子因为人不停地照它而感到疲倦呢？又看到过清流害怕惠风的吹拂吗？”

清·黄鼎《渔洋山人说诗图》（局部）

然交际之道，与其失之滥，不若失之隘。

【注释】

滥：泛滥。隘：狭窄，狭小。

【译文】

与人交际的办法，与其因为交友太滥而失去朋友，不如交得少一些而让朋友更精。

【道理】

朋友当然越多越好，但是交朋友却不是件容易的事情。即便认识的人很多，也不能说明你朋友很多。真正的朋友，可遇不可求。交友泛滥反会因用情不深而失去朋友，那还不如把交际网收一收，好好经营几段难得的朋友关系。

傅嘏不轻与人交

三国时期魏国的傅嘏（gǔ）很小的时候就已经很有名。他从不轻易与人交往。那个时候，何晏因为口才非常好，在权贵之间很有名气。另外有一个叫邓飏（yáng）的人，十分喜好拉帮结派，在权贵缙绅之间沽名钓誉。还有一个人叫夏侯玄，在权贵臣子之间也很有威望。他们是当时名震一时权力较大的人，都想结交傅嘏。但傅嘏对他们却是敬而远之。他的朋友荀粲问他："夏侯玄与何、邓都是眼下的杰出人才，他们很虚心地想跟你做朋友，你何不顺势而为，跟他们交好呢？"傅嘏回答说："夏侯玄好高骛远，眼高手低，名不副实，没有什么实际的才能。而何晏喜欢故作深沉，与人套近乎，喜欢辩论而没有什么成就，正是所谓的因为嘴巴比较厉害而败坏国家的人。邓飏会做一些事情，但却有始无终，又沽名钓誉，死要面子，没有什么真正的本事。这三个人，在我看来都道德败坏。我远离他们还怕来不及呢，怎么会跟他们亲近呢？”没过多久，这三个人都被杀死了，其亲朋好友都受到了牵连。而傅嘏却没有受到影响，功名和地位越来越高。

明·周官《携琴访友图》

盖求友以匡己之不逮，此大益也；标榜以盗虚名，是大损也。

【注释】

匡己：改正自己。不逮：不及，不如，这里引申为缺点。

【译文】

找朋友来改正自己的缺点，这是很有益处的；如果找朋友来标榜自己，以使自己有好的名声，这是大有害处的。

【道理】

朋友的作用，不是装潢和标榜。为了依附他人而结交的朋友，对自己是没有益处的。真正对自己有帮助的朋友，是那些比自己优秀，能够指出并改正我们缺点的朋友。

一字之师

北宋时，有一个官员叫张咏，他性情刚毅、疏放不拘。有一天，他的好朋友萧楚看到张咏的几案上有一首绝句，最后两句是："独恨太平无一事，江南闲杀老尚书。"萧楚取来毛笔，把"恨"字改成了"幸"字。张咏回到家，发现自己的诗句被改了，于是问手下的人是谁改的。手下的人把实情告诉了他，他就跑去问萧楚为什么改自己的诗句。萧楚对张咏说："您功劳高、权威重，很多奸诈的小人都在窥视你，想要寻你的短处中伤陷害你。即便是玩弄笔墨，写些小诗，您也不能掉以轻心，以免贻人口实啊。现在天下一统，但是您却感到遗憾怨愤，这样处事岂可？”张咏听了，感叹道：“你真是我的一字之师啊！”

明·陈洪绶《杂画之四——溪石图》

一生之成败，皆关乎朋友之贤否，不可不慎也。

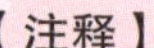

【注释】

贤：贤良。

【译文】

人一生的成功与失败，都跟朋友的贤良与否有着密切关系，交友不能不慎重。

【道理】

环境造就人，朋友关系是社交网中很重要的一环，它会直接影响个人的成长和生活。贤良的朋友，其品德高尚，可以让人学到知识、改正不足。遇人不淑，如果所谓的朋友有邪恶之心，喜欢挑拨离间，怂恿为恶，那就只会带来麻烦甚至灾难，最终将影响一个人的成功和失败。

楚人善相

战国时期，楚国有一个很善于给人看相的人，他的判断很少失误，因此而声名大振。楚庄王召见他，问他怎么看相。他说：“我并不能给人看相，我只是比较能观察人们的朋友。观察平民，如果他的朋友都很孝顺和气、忠厚恭俭，那么他的家里一定会日益富足，自身也一定会日益显荣。这就是所谓的‘吉人’。观察君主以及他的臣子也是同样的道理。我并不是给人看相，而是能观察人们的朋友罢了！”庄王认为他说得很好，于是大力搜罗贤士，最终称霸天下。

明·杜琼《友松图》（局部）

自古君子好与小人为缘，其终无不受其累者。

【注释】

好（hào），常容易发生某事。

【译文】

自古以来，与小人结缘的正人君子，最终往往受其连累。

【道理】

君子之人，应世事洞明，更应善于察人。所以，对于小人，不可不察，不可不慎。

岳飞被害

宋代的张俊，曾是抗金名将岳飞的上司，他带领岳飞等部将多次征讨金军。岳飞屡屡立下大功，为张俊所器重。建炎四年（公元1130年）四月，岳飞收复建康，大破金军。此时的张俊很欣赏岳飞，向朝廷报告说，此间岳飞功居第一。岳飞平定杨幺之乱后，他的地位迅速上升，与张俊、韩世忠、刘光世并称“中兴四将”。但是这也引起了张俊、韩世忠的不满和猜忌。岳飞有所觉察，就专门从战利品中挑选了两艘大车船，分赠给张俊和韩世忠，以示友好之意。然而得到礼物后，张俊却觉得岳飞送车船给他是为了炫耀战功，因此更加仇恨岳飞。绍兴十年（公元1140年）六月，岳飞出师北伐，光复多处失地，迫近故都汴梁。然而在大好形势下，秦桧却令诸将退兵以便乞和。张俊的抗金意念本就不十分坚定，同时他也揣摩透了宋高宗求和的心思，便首先退回淮南，支持乞和。七月，宋高宗严令岳飞撤军。岳飞无奈回到临安，却陷入秦桧和张俊等人布置的罗网，最终因“莫须有”的罪名被害。

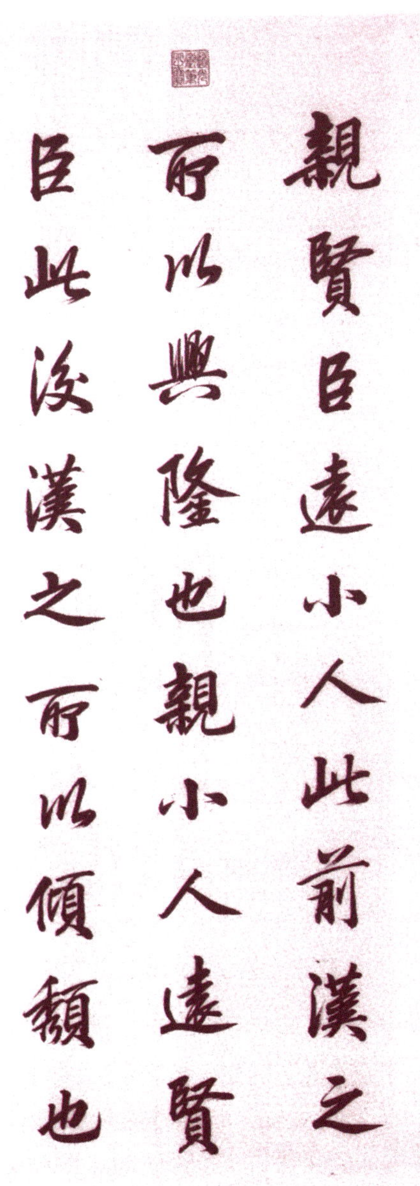

清·道光楷书

凡与人晋接周旋，若无真意，则不足以感人；然徒有真意而无文饰以将之，则真意亦无所托之以出，《礼》所称无文不行也。

【注释】

晋接：晋见、接见。文饰：文辞的修饰。

【译文】

凡是跟别人见面和来往，如果没有真诚的意思，就不能够感动人；然而如果只有真诚的意思，而没有文辞的修饰来表达自己的真诚，那么真情实意也没有办法表现出来。这就是《礼记》说的“无文不行”。

【道理】

精诚所至，金石为开。与人交往，贵在诚意。没有诚意，那么别人的内心也不会被触动。但是光有诚意还不够，还要懂得用恰当的方式把这种诚意表达出来，这样双方才会交心有信，感情也才会有增进。

荀巨伯高谊

南北朝时期，有一位著名的文学家叫荀巨伯。他曾经不远千里前去看望生病的朋友。到了朋友那里，正好碰到北方的胡人来进犯。他的朋友对巨伯说：“我现在就要死了，你赶紧走吧，要不然胡贼来了你也性命难保。”巨伯说：“我来看望你，你却让我离去，败坏德行义气来苟且偷生，这难道是我荀巨伯的行为吗？”等到城破，胡人对巨伯说：“我们的大部队都来了，整个郡都空了，你是什么人，居然敢一个人待在这里？”巨伯说：“我的朋友生病了，我不忍心抛下他，我宁可以我的生命代替我朋友的生命！”胡人的首领听到这样的话，感慨道：“我们是没有义气的人，现在进入了有义气的国家中了。”于是班师撤退。整个郡都因此而保全。

明·仇英《人物故事图——高山流水》画《吕氏春秋》中俞伯牙与钟子期的故事。

不肯轻受人惠，情愿人占我的便益，断不肯我占人的便益。

【注释】

惠：恩惠。便益：便宜和好处。

【译文】

不肯轻易接受别人的馈赠，情愿别人占了我的便宜和好处，我也万万不能占别人的便宜和好处。

【道理】

俗话说："吃人的嘴软，拿人的手短。"别人的恩惠，不能轻易接受。有些人，生性贪婪悭吝，喜欢利用别人的憨厚豁达占取小便宜。当被这种人占了一点小便宜的时候，我们应该包容他们，但是不能因此而去占他人的便宜，让自己变得同样悭吝小气。

赵轨捡桑葚还邻

隋朝的赵轨，从小就十分检点自己的行为，德行颇高。他的邻居种了很多桑树，树上结满了桑葚。有时候，有些桑葚因风雨吹落到他家的庭院了，他就派人把桑葚都捡起来还给邻居。他常常告诫他的孩子们说："不能贪小便宜，占有别人的东西。"后来，他做了齐州别驾，被征召入朝。一次在赶夜路时，因为天黑，随从的马不小心踏到别人的田地中，损坏了一些农作物。他发现后就令他们停下来，在原地等到天亮，直等到禾苗的主人出现，并且给禾苗的主人赔钱后才离去。

清・王时敏《仿古山水图册》（之四）

纵人以巧诈来，我仍以浑含应之，以诚愚应之；久之，则人之意也消。

【注释】

浑含：混沌、包容。诚愚：诚意近愚。

【译文】

纵然他人用狡诈的方法来对待我们，我们仍然包容他们，同时以近似愚笨的方法，用我们的诚意回应他们。如此这般，时间长了，他人的狡诈心思也就没有了。

【道理】

应对奸邪，以其人之道还治其人之身，并不一定是行之有效的办法。倒不如反其道而行，用正义和善良的行为感化对方，让对方改变或放弃邪恶奸诈的想法，从事道德正义的行为。

梁亭窃灌

战国时的梁国（魏国）有一个大夫名叫宋就，他曾出任边疆梁亭的县令，那地方与楚国的楚亭接壤。梁亭与楚亭都种瓜。梁亭人很勤快地浇灌，所以种出的瓜很甜美，楚亭人疏于浇灌，种出的瓜很难吃。楚亭人又恨又气，于是偷偷地把梁亭人种的瓜苗都掐断，让它们枯死。梁亭人发现后，就想要以牙还牙报复他们。宋就说：“别人作恶我们也作恶，冤冤相报，何以终了？这样其实是在走极端。我教你们一个办法，你们晚上的时候去为楚亭人浇灌他们的瓜田，但不要让他们知道。”梁亭人就按照宋就的说法去做了。楚亭人种的瓜果然也变得甜美了。楚亭人很奇怪，就侦察是怎么回事，发现是梁亭人在帮助他们。于是楚王说："梁亭人们实际上是在隐晦地责备我们啊！"说完，就准备了丰厚的礼物，前去请求与梁亭交好。

元·佚名《莲舟新月图》

毁誉悠悠之口，本难尽信，然君子爱惜声名，常存冰渊惴惴之心。

【注释】

惴惴：恐惧战栗。冰渊惴惴，语出自《诗经·小雅·小旻》：“战战兢兢，如临深渊，如履薄冰”，指怀有临深渊、踩薄冰时的惴惴不安之心。

【译文】

赞美和诋毁的声音，经常会从人们嘴里说出来，因而很难知道这些正面或反面的话是不是符合事实。然而君子要爱惜自己的名声，经常有如临冰渊时的恐惧战栗的心。

【道理】

谁人背后无人说，谁人人前不说人。赞美的声音和毁谤的声音都可能有，它们让人如入雾中，不知真假。君子们要爱惜自己的名声，就要时时警惕这些流言蜚语，慎独不妄，以免贻人口实。

列子拒食

相传战国时期的思想家列子很穷，常面带饥色。有人跟郑国的宰相子阳说：“列御寇是有道之士，他在你的国家居住却很穷，难道你不喜欢有道之士吗？”子阳听了，马上就派他的手下送给列子一些粮食。列子见到使者，拒绝了子阳的馈赠。使者离开后，列子回到房子里。他的妻子看着他，捂住胸口伤心地说：“我听说有道德的人的妻子都会幸福快乐。现在我们面有饥色，子阳君派人来拜访你并且送给你食物，先生你却不接受，难道这就是命吗？”列子笑着回答道：

“子阳君其实并不了解我。他只是因为听了别人的话而给我一些粟。如果他要嫁祸于我，肯定又会听取别人的流言蜚语。这就是我为什么不接受他的馈赠的原因。”后来，果然百姓作乱，子阳被杀。

元·华祖立《玄门十子图——列子》

若非道义可得者，则不可轻易受此。

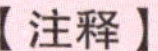

【注释】

道义：道德仁义。受：接受。此：这些东西。

【译文】

如果不是道义上来说可以得到的东西，就不能轻易接受。

【道理】

天上不会掉下馅饼。不义之财，受之不妥。所以在接受别人的馈赠的时候，要三思是否是自己应得的。如果不是，那就不能轻易接受，不然可能会为自己的不幸埋下伏笔。

杨震不受金

杨震是东汉时有名的公卿大臣，曾经出任东莱太守。在赴任的途中，他路过昌邑这个地方。他以前提拔的有才华的荆州人王密此时正在昌邑做县令，听说杨震经过，便前去拜访。到晚上的时候，王密在怀里揣了十斤黄金，前去送给杨震。杨震很惊讶，就说：“作为你的老朋友，我十分了解你；但是你作为我的朋友，却不了解我，这是为什么呢？”王密回答：“现在是半夜，没有人会知道我给你送了这些。”杨震说道：“天知、地知、你知、我知，怎么能说没有人知道呢？！”王密听了，十分惭愧，于是就中止了送礼的事。

明·程正揆《临沈周山水图》（局部）

走路宜重，说话宜迟。

【注释】

宜：应当。

【译文】

走路的时候要脚步重一些，说话的时候要说得晚一点。

【道理】

走路太轻而急容易绊倒，说话太鲁莽而提早下结论，则容易错判误人。所以做事要脚踏实地，一步一个脚印，踏踏实实地前进。而与人交谈的过程中，不要着急表达看法，要先倾听，深思熟虑之后再发言。

刘器之请教

北宋时期，有一个人叫刘器之，年纪轻轻就考中了进士，但他不急于求官，却去做了司马光的学生，继而成为了他的好朋友。在刘器之刚刚登第的时候，与两个同龄人一起拜访张观参政，三人同时起身请教张观怎么为官做人。张观说："我自从做官以来，常常奉持四个字：勤谨和缓"。其中一个人问道："我听说过'勤谨'，但未听说'和缓'，不过，既然受命朝廷，为什么要'缓'呢？这是我不明白的地方。"张观正色说道："我什么时候教你缓慢到做不完事情呢？然而人世间，又有哪些事不是因为太过匆忙而发生错误了呢？"

明·文徵明《雪桥策马图》

危急之际，莫靠他人，专靠自己，乃是稳着。

【注释】

稳着：稳当可靠。

【译文】

危险急迫的时候，不要只想着依靠他人，而要靠自己，这样才是稳当的办法。

【道理】

求人不如求己。无论是打仗、竞技还是考试，身处绝境的时候，与其心存侥幸，一味希望他人伸出救援之手，不如勇敢面对，立足当下，抱定决心，破釜沉舟，这样才能把握时机力挽狂澜、反败为胜。

背水一战

楚汉相争时，汉王刘邦的名将韩信与张耳率数万兵马，与赵王的二十万兵马对峙于井陉口。韩信施计，带领部队至离井陉口三十里的地方安营扎寨；到半夜，先派出二千骑兵抄小路至赵军近处埋伏，又派万人先行部队出井陉口，背靠河水而布阵。快天亮时，韩信下令剩下的部队举旗擂鼓，走出井陉口。赵军这时才开垒迎战。打到一半，韩信假装逃跑，奔向河边设好的阵地。赵军见汉军败落，倾巢出动。埋伏一旁的两千骑兵见状，火速冲进赵军空营中，把赵旗全部换成了汉旗。韩信、张耳在河边阵营会合后，与士兵齐心协力，殊死奋战，赵军竟不能打败他们。赵军撤回营垒，却发现满目汉旗，大为惊恐，以为赵王已被擒，纷纷溃逃，汉兵最终大破赵军。庆功宴上，韩信的手下问他：“将军这次令臣等背水而战，反而得胜。这个是什么战术呢？”韩信答道：“兵法上说：‘陷之死地而后生，置之亡地而后存’，我既然没有时间训练战士，如果不把他们置之死地，使得人人为自己而战，他们就会自寻生路四处逃跑，还怎么靠他们来取胜呢！”

清·龚贤《山水图册》（之二十）

求师不专，则受益也不入；求友不专，则博爱而不亲。

【注释】

不入：不深入。

【译文】

求师不专注，虽然可以收获一些知识但却不会很深入；交朋友不专注，虽然会有很多泛泛之交，但都不甚亲密。

【道理】

只有专注，才能深入。人的精力有限，若遍地撒网，多处分心，所得也只会流于肤浅。譬如求师学艺，倘若心有旁骛、日换一师，必因用心用力不足而学不到什么知识；譬如交友，倘若朝三暮四、喜新厌旧，那么虽然广结人缘，终因用情不深而挚友寥寥，这也将无甚益处。

程门立雪

宋代理学家杨时二十九岁的时候，曾到著名理学家程颢门下深造，成为“程门高弟”之一。到他四十多岁的时候，程颢去世了。他十分伤心，并惋惜自己没有得到老师的全部真学。于是，他打算到程颢的弟弟程颐那里去再度深造。在一个大雪天里，在同学游酢的陪同下，杨时来到了程颐家里，却发现老师正在堂上瞑目而坐。他们都不忍心叫醒老师，就站立在一旁静静等候。过了许久，程颐先生才醒过来，看到这两个学生还在旁边，十分感动，感叹道：“贤辈还在这里啊？今天时间很晚了，你们就先回去休息吧。”杨时和游酢这时才出门归去，一开门才发现外面的积雪已一尺深了。

程颐为杨时的诚心求学和专注所感动，倾尽了一生才学来教授他，使他成为了发扬和传播程氏理学的重要人物。

明·程正揆（kuí）《临沈周山水图》

一人独成其功，不如与人共享其名之善也。

【注释】

善：好。

【译文】

一个人独自享受成功，不如与人一起分享他的名声为好。

【道理】

一个人取得成功，往往是站在了巨人的肩膀上。独享其名，不但让人只见自己不见他人，变得骄傲自满，以致招来他人的嫉妒和怨愤，倒不如与人共享美名。这样既表明一己之谦虚，同时也兼顾了他人的感情，尊重了他人的付出，必将得到他人更多的支持和帮助，利于创造更大的辉煌。

祭遵俎豆

汉代的祭遵，曾随光武帝出征河北立功，得到了皇帝的许多赏赐。但是他并不将这些赏赐据为己有，而是统统赐给了他的下属，家里完全没有私人财产。他穿的衣服也是很粗糙的布料做的。他住的地方的官员和百姓都不知道他有兵权。范升因此上奏皇帝说："遵是将军，但是他对待士人都用的是儒家的方法，对酒设乐，雅歌投壶，虽然他在军旅之中，但是他却不忘俎豆。"皇帝也常常感叹："怎么才能得到更多像祭遵这样忧国忧民的大臣呢！"后来，祭遵被封为颍阳侯。

清·顾洛、奚冈《元宵儿戏图》

凡说话不中事理，不担斤两者，其下必不服。

【注释】

不中事理：没有点中事情的道理。不担斤两：没有分量。

【译文】

凡事说话没有点中事情的道理，又没有什么分量的人，他的手下肯定不服气他。

【道理】

要取威信于人，就要言之有物、言之有理，还要有所担当，敢于承担属于自己的责任，敢于承认自己的过失，这样才能"以德服人"，得到下属们的推崇和信任。

非异人任

公元前571年，郑国的国君郑成公生病了。大夫子驷料到国君很快就要去世了，而郑国还处在晋楚两强之间。想到郑国前途未卜，他十分不安。于是他就到郑成公的病榻前看望郑成公，并提出自己的看法。他并请求郑成公改变政策，不再依附楚国，向楚国上贡，而改为依附晋国。郑成公明白处在两强之间，无论依附哪一个，负担都不会轻松，而相比较来说，继续依附楚国，情况也许还好一点。于是，他说："在鄢陵之战中，楚共王被晋军射瞎了一只眼睛，他这样做，不是为了别人是为了我、为了我们郑国啊！如果背弃他，就是丢弃了他的功劳和自己的誓言，那么还有谁来亲近我们？使我免于过错，就看你们几位的了。”郑成公只言片语，把其中事理道义表明后，子驷表示了深深的赞同。到秋天，郑成公去世了。于是子罕掌政，子驷处理政务，子国出任司马。后来晋军又侵略郑国时，郑大夫都主张服从晋国。但子驷说：“国君的命令还是不能改变。”

清・曾国藩行书

和气蒸蒸而家不兴者，未之有也；反是而不败者，亦未之有也。

【注释】

和气蒸蒸：形容一家人和气融洽的气氛。

【译文】

和气融洽的家庭最终没有兴盛起来，这是从来没有的；反之，不败落的，也是从来没有的。

【道理】

人总是从家庭中成长起来的，家庭环境对人的一生影响很大。和睦的家庭气氛可以带给人愉悦的心情，让人有归属感、幸福感，让人有更多的精力投入到事业中；不和睦的家庭会耗人精神、劳人筋骨，而人的精力是有限的，自然用到事业上的精力就会少很多，甚至不和睦的家庭还会发生内斗，导致家道衰落。

许武兴家

汉朝时候，有个人叫许武，他幼年丧父母，与两个弟弟相依为命。两个弟弟幼小的时候，不能耕作，许武还是会让他们在一旁看他劳作，以教其勤劳。到晚上，许武就挑灯夜读，同时教两个弟弟读书写字。无时无刻，许武都以自己的言行教他的弟弟做人做事的道理。如果弟弟不听他的言说，他就跑到家庙里长跪告罪：“我没有德行和能力教诲弟弟，愿父母有灵，让两个弟弟开窍。”两个弟弟听到了，就哭着对许武说他们一定改正自己的过错，这时许武才起身。

后来许武被举荐为孝廉，看到两个弟弟都还没有名望，他就把家产分成了三份，自己取了最肥美的田地和广大的房屋，而把所有坏的田产统统给了两个弟弟。两个弟弟却毫无怨言，与哥哥依然感情很好。世人看到这两个弟弟如此谦和，都称赞他们，反而看轻许武了。等到两个弟弟都被荐举了，许武才会合了宗族和亲戚们，说他当初分产的做法只是为了突显弟弟们的崇高品德以显扬名声，说完后，许武又把所有的家产都让给了两个弟弟。

曾经有人劝许武娶亲，许武回答道：“娶妻容易生嫌隙，恐会伤到我们的手足之情。”直到先为两个弟弟议亲后，许武才娶亲。

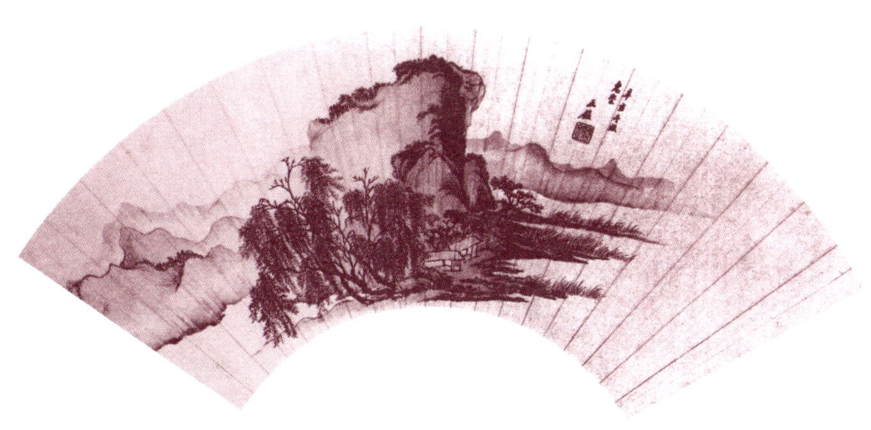

清·王鉴《仿惠崇水村扇》

兄弟和，虽穷氓小户必兴，兄弟不和，虽世家宦族必败。

【注释】

穷氓：贫穷的人。

【译文】

兄弟和睦，即便是贫穷的百姓、小户人家也必然会兴旺发达；兄弟不和的话，即便是世代之家、官宦之族也必然会败落。

【道理】

家和万事兴。兄弟之间尤其如此。兄弟和睦才能共济共荣，立业兴家。如果兄弟内讧，互相拆捣，则人不害之而兄弟自害，还谈什么兴旺发达呢！

谭尚相攻

三国时期的袁绍有两个儿子，一个叫袁谭，一个叫袁尚。袁绍死后，他把权位交给了小儿子袁尚。袁谭对此十分不满，于是他招募人马，自号“车骑将军”，引兵攻打袁尚，结果却被弟弟袁尚打败了。战败后，袁谭投降于曹操，作为权宜之计。投降曹操后的袁谭不久便私下刻了将印，这引起了曹操的猜疑，曹操后来把袁谭杀了。兄弟不和，终至家族破败，身首异处。

清·华嵒《归庄图》

无论大家小家、士农工商，勤苦俭约，未有不兴；骄奢倦怠，未有不败。

【注释】

士：指读书人。

【译文】

无论是大家还是小家，无论从事什么职业或处于什么地位，只要勤苦节约，没有不兴旺的；倘若他们骄奢淫逸、倦怠不劳，没有不衰败的。

【道理】

勤苦是开拓事业的必要精神，节约是为了量入为出。骄奢容易散财，倦怠就会不劳，不劳则无获，无获尚且散财，家业则必然衰败。

陶违雾豹

春秋时期，有一个名叫陶答子的官员治理陶地，当了陶地三年的父母官，没有造福一方百姓，自己家里却富了三倍。他的妻子看到这种情景，屡屡劝说他，让他勤苦俭约、积善积德。但是陶答子都没有理会。过了五年，陶答子更加富有，每次回家，都有上百辆马车跟随，同宗同族的人纷纷来祝贺他。而他的妻子看到这种情景，不但不开心反倒忧心忡忡，抱住自己的儿子痛哭流涕。陶答子看到后很生气，就骂他的妻子。妻子回答："才能不高官却很大，是会遭致祸害的；没有功劳而家里很富裕，是会积累祸害的。我曾经听说南山有玄豹，雾雨七日就不下山觅食，这是为什么？就是为了使皮毛光润形成好看的花纹，所以藏起来而远离祸害。猪不择食，想养肥自身，结果却被人吃掉。现在你治理陶地，家富国贫，君不敬、民不戴，败亡的征兆已经显露出来。现在你贪图富贵，而我和儿子只想离开你。”过了不久，陶答子果然家败人亡。

清·冷枚《养正图》（之一）
周文王开仓赈济贫民。

决不肯以做官发财，绝不肯留钱与后人。

【注释】

与：给。

【译文】

绝不会通过做官来达到发财的目的，也绝不会留下钱财给子孙后代。

【道理】

做官不应以发财为目的。留钱给后人，看起来是为子孙储备幸福，实际上是对子孙的娇惯，让子孙不劳而获。他们不劳而获惯了，可能就忘了奋斗和创造的必要，只顾享受挥霍，如此，实不利于后代成人成事。

高慎留名

东汉有一个人名叫高慎，在光武帝时，他曾出任东莱太守。后来，高慎以老病乞归，而他所居住的地方，是草屋蓬户，用的是泥陶做的器具，根本没有储蓄。他的妻子曾对他说：“你做官做都做到太守和宰相了，而且也做了好些年，怎么就不稍微储蓄点钱财留自己子孙们呢？”高慎回答道：“我以勤劳的身体、清廉的名声作为遗产留给子孙们，难道不可以吗？”后来，高慎的三个儿子都做了刺史，他的后代子孙中，做到高官的人很多。

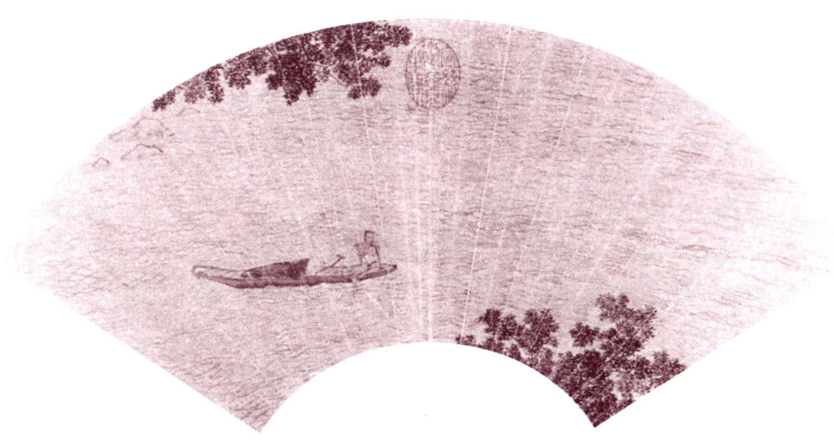

明·仇英《山水人物图》

至于兄弟之际，吾亦唯爱之以德，不欲爱之以姑息。

【注释】

以：用。

【译文】

至于兄弟之间，我也是用我的道德理念来爱他们，而不想用姑息纵容的态度来爱他们。

【道理】

姑息纵容兄弟铺张浪费为所欲为，这并不是爱他们，而是害他们。爱兄弟，就应该要让他们做道德高尚的事，让他们勤俭朴素。倘若纵容他们，那么兄弟就会变得懒惰，变得娇气，甚至会做出没有道德的事情来。

魏霸服粝

东汉时期的魏霸，是济阴人，他曾在钜鹿出任太守。虽然官位颇高，但是他始终不肯衣锦还乡来炫耀自己。而且他的妻子也从来不到官舍之中来。他常常想到自己的哥哥和嫂子还在家里辛勤劳苦，而他自己则养尊处优。每想到此，他就常常穿着很朴素的衣服，粗茶淡饭，还让妻子种桑养蚕，让儿子亲自种田，以便体会兄弟姐妹的辛苦。乡亲们看到他这样做，都很敬仰他。

清·王翚（huī）《夏五吟梅图》（局部）

情意宜厚，用度宜俭，此居家居乡之要诀也。

【注释】

宜：可以、应该。

【译文】

情意应该要深厚，开支应该要节俭，这是处理家务以及处理与乡亲父老的关系的要诀。

【道理】

居家居乡，与人交往，用情用度，不宜本末倒置。一家之内，一乡之中，乱挥霍、逞豪情、显大方、摆阔气，看似情意深厚、出手阔绰，然而情意深厚不能用金钱多寡来衡量，用钱要用到更好地发挥它的价值的地方。

徐孝祥分金

古代有一个人叫徐孝祥，隐居好学，自得其乐。有一次，他在后园锄地的时候，发现树根一个洞下面有石砖，打开之后，发现里面都是黄金白银。于是他赶紧把金银又埋上，都没有人知道他发现了这些东西。过了几十年，有一年闹灾荒，庄稼收成很差，民不聊生，很多人挣扎在生死的边缘。这时徐孝祥说："这个时候那些东西应该发挥作用了。"于是他把那块石砖挖开，取出几锭白银买米来救济乡里百姓。百姓们因此渡过难关。而当徐孝祥的女儿出嫁的时候，他只是以荆布之类作为嫁妆，对于藏在后园的黄金白银，则全然不动。

明·张风《山水图》（之二）

有福不可享尽，有势不可使尽。

【注释】

势：势力。

【译文】

有福分的时候不可一下子享受完，有势力的时候也不可一下子使用完。

【道理】

物极必反。有福有势的时候，若享之太过，大张声势、锋芒毕露，反而更易招致祸害，所以有福有势时，更应涵福藏势，谦谨包容。

崔光少取

北魏从太和迁都之后，国家殷富，库藏都满满的，甚至堆不下去了，钱和绢暴露在廊庑之间的不计其数。太后施恩，赐给群臣绢，让他们根据自己的力气，能拿多少就拿多少去用。朝臣都量力而为，需要多少拿多少。只有章武王元融与陈留侯李崇贪心过度，拿了很多的绢匹却超出了自己能承担的范围，以致摔倒并把脚踝扭伤了。太后看到后，就让他们空手而回。其他人都取笑他。而侍中崔光却只拿了两匹绢。太后就问他：“侍中怎么拿这么少？”崔光回答：“臣只有两只手，只能拿两匹。”其他人听了，都很佩服他。

以患難時心居安樂時以貧賤
心居富貴以屈抑時心居廣大
則無往而不泰然以淵谷視康
莊以疾病視強健以不測視無
事則無往而不安穩經一番折
挫長一番識見多一分享用減
一分志氣加一分體貼知一分
物情

李鴻章

清·李鸿章行书

由俭入奢易于下水，由奢反俭难于登天。

【注释】

反：通“返”，回到。

【译文】

从节俭变得奢侈比下水还容易，从奢侈回到节俭比登天还难。

【道理】

节俭为收，奢侈为放。对于财物，收比放难。一旦形成了奢侈的习惯，习惯了奢靡的生活，就难以回到朴素节俭的状态。还不如一直坚持节俭的习惯，不管生活在巅峰还是低谷，都不至于在物质上出多于入，而总能过相对稳定的生活。

张公好俭

北宋的张知白虽然官至宰相，但是对自己的饮食起居，却还是像当河阳掌书记时一样。他的亲戚中有人规劝他说：“你现在得到的俸禄不少，而对自己却这样克扣，你虽然自认为很清廉节约，但外人却讥笑你是‘公孙布被’呢。你还不如跟其他人一样吧。”所谓“公孙布被”，指的是西汉时期的宰相公孙弘。他位列三公，却穿破衣服，盖粗布棉被。但别人却说他是做表面功夫。张知白听了，感叹道：“我今天的俸禄，即便是让全家锦衣玉食，都能做到。但是我想到人之常情，都是‘由俭入奢易，由奢入俭难’的。我今天的俸禄又怎么能永远都有呢。一旦某一天，我的情况与现在不一样了，家人却已经习惯了奢侈的生活，很难一下子节俭起来。这样的话，必然会导致家道中落，家人流离。还不如不管我得到还是失去这个官职，在这个世上还是离开这个世界，家人的生活都能稳定如常更好。”

宋·马和之（传）《唐风图——羊裘》（局部）

贵族着羊羔皮衣，乘坐肥马华车，见路人而不顾，喻当权者“不恤其民”。

孝致祥，勤致祥，恕致祥。

【注释】

致：带来。

【译文】

孝顺带来吉祥，勤劳带来吉祥，宽恕带来吉祥。

【道理】

孝顺让长幼之序井然，勤劳让家业有所成就，宽恕包容家庭成员，则让家庭成员更加和睦相处。这些，都让家庭有吉祥如意之象。

薛包孝恕

东汉有一个人名叫薛包，他好学而笃行。其母亲去世后，父亲新娶了一个妻子。这个继母很不喜欢薛包，就把他赶出家门。薛包不得已，就在家门外的草舍居住。到天亮，就又回到家中洒扫庭院。父母看到后很不高兴，又把他赶了出去。于是，他就在街坊自己搭了个棚子居住，每天早晨傍晚还是照旧前去向他的父亲和继母请安。过了一年多，他的父亲和继母终于感悟，让他回到家中居住。等到父母去世，他哀痛而病。他的弟弟们要求分家，薛包不能阻止他们，就让他们随心所欲。对于奴婢，他带走的是年老和孱弱的，并说：“他们和我共事很久了，你们不能使唤他们。”对于器物，他只拿那些破旧的，说：“这些是我过去用的东西，我很熟悉和习惯他们了。”对于田地庐舍，他只要那些荒芜贫瘠的，说：“这是我小时候耕种的地和住过的地方，已经有感情了，我对它们十分留恋。”后来他的那些弟弟散尽家财后，不能自立。薛包又接济他们，给他们财物。

明·夏昶《清风高节》

楼高易倒，树高易折。

【注释】

略。

【译文】

楼房高了容易倒塌，树高了容易被风折断。

【道理】

一个家族就像高楼大树一样，太高太大就容易倾倒折断。越是招摇越是嚣张，则其折倒的风险越大。越是有权势，越不可过于高调。

李斯盛极

秦代的李斯通过个人努力得到了秦始皇的赏识，不仅官运亨通，其子女也都跟着沾光。李斯的长子李由做三川郡守，掌握了一定的军政大权，其他子女也都与帝室结了婚姻关系。

有一次，李由回到咸阳，李斯摆设家宴，百官都来赴宴祝酒。在热烈的酒席上，李斯想起了他的老师荀卿告诫他的“物忌太盛”这句话，于是感慨地说：“我是个平民百姓，今天却做了丞相，可以说是富贵到了极点。但是，物盛则衰，我还真不知道将来会有什么样的结局呢。”后来秦始皇死后，李斯与赵高合谋立胡亥为二世皇帝，后来被赵高猜忌，终被腰斩于世，并祸及三族。

宋・马和之（传）《豳风图——狼跋》（局部）

孝友为家庭之祥瑞。

【注释】

孝友：孝悌、友爱。

【译文】

孝悌、友爱是家庭吉祥的征兆。

【道理】

看一个家庭是否吉祥，就看在这个家庭中是否尊老爱幼、兄弟友爱。内部井然有序有爱，则外部看来，必是蒸蒸和睦之气象。只有家庭团结、和睦友爱，才能逢凶化吉。

孙棘兄弟

南北朝时有一个人名叫孙棘，与其兄弟十分友爱。当时，朝廷征集民丁守卫边疆。孙棘的弟弟孙萨应征前往。孙棘的妻子许氏对丈夫说："君乃一家之主，怎么可以让你的弟弟前去服役呢？况且要是战亡，你的弟弟还没有结婚娶妻，家道未立。你现在已经有三个儿子，即便是死了也没有什么遗憾的了。"孙棘听了，就赶到郡中，要代替孙萨前往服役。孙萨却拒绝了哥哥的好意，不愿意哥哥代替他。太守张岱怀疑他们的情况不实，就假意对他们说他们的愿望都得到了满足，并派人暗中观察他们。他们两个人听到这个消息，都露出了笑容，十分高兴并甘心代替对方前往服役守边的样子。张岱于是告表朝廷，朝廷为之孝友所动，免除了他们的兵役。

宋·李迪《风雨牧牛图》

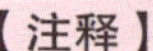

古之成大事者，规模远大与综理密微二者阙一不可。

【注释】

综理密微：综合考虑细微之处。阙：同“缺”。

【译文】

自古以来能够成就大事的人，都是把远大规划与细微周密综合起来考虑的人。

【道理】

规模远大，故而有宏观的视角；综理密微，故而能从细节着眼。两者结合，方能保证事情大的发展方向不变，同时，在微小的细节上也毫不含糊，这样不论大事、小事都可顺利推进。

高阳应建房

春秋时期，一个名叫高阳应的人想要建造房屋。他找来木匠。但是木匠告诉他：“现在还不行，木料还是湿的，如屋顶再加上泥，一定会被压弯。用湿的木料盖房子，刚开始看起来固然很好，但是以后一定要坍塌的。”高阳应回答道：“照你这么说，房子恰恰不会倒塌，木料越干就会越结实有力，泥土越干就会越轻，用越来越结实的东西承担越来越轻的重压，肯定不会倒塌吗？”木匠无言以对，只好按照高阳应的要求盖起房屋。房子刚建成的时还好好的，但是过不了多久，果然倒塌了。

明·沈周《新郭图》

凡作一事，无论大小难易，皆宜有始有终。

【注释】

作：同“做”。宜：应该。

【译文】

凡是做一件事，不论它的大小和难易程度，都应该有始有终。

【道理】

做事有始有终是一种美德。倘若做任何事情都虎头蛇尾、半途而废，则没有一件事情会成功。事情不一定要做到十全十美，但是能善始善终，就是难能可贵。

乐羊积学

《后汉书·列女传》记载了一个名叫乐羊的人外出求学的故事。乐羊外出求学不到一年，就回到了家乡。他的妻子问他为什么回来了，他说：长期在外，我想家了。妻子听了，就用刀割断织布机上的布，说：“夫子积学，现在如果中道而回，半途而废，就跟割断这织了一半的布有什么差别？”乐羊突然明白了，深感惭愧，马上就离开家乡继续学业，以至于七年都没有回家。

古之立志者則無望其速成無誘於勢利養其根
而俟其實加其膏而希其光根之茂者其實遂膏
之沃者其光耀仁義之人其言藹如也抑又有難
者愈之所為不自知其至猶未也

雲仙仁弟親家屬 同治元年八月曾國藩

清·曾国藩行书

欲求变之之法，总须先立坚卓之志。

【注释】

坚卓：坚定卓越。

【译文】

想要求得改变命运的方法，必要先有坚定卓越的志向。

【道理】

要改变人生、改变自己的命运，就要有目标和决心；要有目标和决心，就要有志向。有了坚定而卓越的志向，人才能把未来看得更清楚，才能更坚定地朝自己的方向奋进，持之以恒，最终走向成功。

宁越弥勤

周时的宁越觉得耕种稼穑很辛苦，于是问他的朋友："怎么样才可以不用耕种稼穑呢？"他的朋友回答："其他的都不如治学。勤劳努力三十年，就可以不用稼穑了。"宁越就说："如果别人休息的时候，我不休息，别人睡觉的时候，我不睡觉，这样坚持十五年，应该就可以了吧。"于是宁越立下志向，发愤图强，十五年之后果然名扬天下，得到了齐桓公的重用。

張儀游說諸侯嘗從楚相飲
已而楚相亡璧門下意張儀
曰儀貧無行必此盜相君之
璧共執張儀掠笞數百不服
醳之其妻曰嘻子毋讀書游
說安得此辱乎張儀謂其妻
曰視吾舌尚在不其妻笑曰
舌在也儀曰足矣

明·钱谷《迁史神交故事图册之八——视舌证壁图》
取材于《史记·张仪列传》。

人苟能自立志，则圣贤豪杰何事不可为？何必借助于人！

【注释】

苟：如果。

【译文】

人如果能自己立下志向，哪怕是圣贤豪杰们做的事，有什么做不了？何必要借助他人的力量呢！

【道理】

有志者事竟成。不管是看似多么困难的事，只要立定志向、坚持不懈，最终还是可以靠个人的恒心和力量实现的。圣贤豪杰也不是天生的。成功，靠的不是一个人的名号和身份，而是看他是否已经立下志向。

介子弃觚

西汉时有个大臣名叫傅介子，他十分喜欢读书，在读书的过程中，慢慢确立了自己的志向。有一天，他正拿着书本读着。看到激愤处，他豁然醒悟，一下子就丢掉手中的书籍而感叹道：“大丈夫应当在异域立功，怎么能在这小屋子底下做老书生呢！”立下此志后，他毅然去从军。当时，龟兹、楼兰杀害了西汉的使者，傅介子听到后，义愤填膺，主动要求汉昭帝派他出使大宛。汉昭帝为之感动，就派他以使者的身份，携带金币珠宝出使大宛。到了楼兰，起初楼兰王不想见他。傅介子扬言如果楼兰王不见他，那么他就将奉命馈赠给楼兰的大量金币锦绣转赠给邻邦。楼兰王贪财心动，这才召见了傅介子。在宴席上，楼兰王大醉时，傅介子说：“汉王让我悄悄地把东西给你。”于是楼兰王就跟随傅介子到帐中屏风后，介子安排藏在那里的两个壮士乘机就把楼兰王斩杀了。傅介子因此而立功，被朝廷封为义阳侯。

明·陆治《三峰春色图》

惟有一字不说，咬定牙根，徐图自强而已。

【注释】

徐：慢慢地。

【译文】

只有一个字也不说，咬定牙根，慢慢地走出自强之路而已。

【道理】

话说得再多，不一定于事有用。倒不如什么也不说，就咬定牙根，发愤图强，扎扎实实着手，克服各种困难，最终开拓自强之路。

韩信忍辱

汉代著名的淮阴侯韩信原来只是普通的老百姓，那时他穷困潦倒到只能去别人家里蹭饭吃。很多人因此而厌恶他。为了糊口，他就去城外钓鱼充饥，所获甚少。有一老妇可怜他，给他饭吃。韩信十分感激，对这个老妇说他以后会报答她。有一次，淮阴的一个屠夫故意当众侮辱韩信，还对他说：“你虽然高大，喜欢佩戴刀剑，实际上你胆小如鼠！如果你不怕死，那就刺我，如果你怕，就从我的胯下钻过去！”韩信看了看这个人，自忖打不过他，于是什么也没有说，就俯身从他的胯下钻过去。众人看了，哄然大笑。然而，韩信咬牙忍辱多时后，终于投奔了汉王刘邦，找到了用武之地、施展自己的军事才华，成为了西汉著名的开国功臣。

清·吴历《人物故事图册》（之六）
赵国使者蔺相如完璧归赵。

而治事之外，此中却须有一段豁达冲融气象，二者并进。

【注释】

治事，处理公事。

【译文】

在处理公事之外，生活中还应该有一种豁达冲融的气象，治事与豁达并进。

【道理】

治事而有功固然可喜，但是不能因此而骄傲自大。骄傲容易招致堕落甚至狂妄，只会落得个“矜功伐能”的评价。而如果处之豁达淡然，勤劳而不居功，恬淡而不怠惰，反而更显出气度和能耐，这样的作风最为稳妥，也最值得推崇。

于休烈为官之道

于休烈是唐肃宗时期的能臣，他善良而率真，机智而聪颖。他为官多年，所担任的官职都是很重要的职位。但他家里却十分清贫，没有什么积蓄。他十分喜欢读书，从来都手不释卷，其文辞屡屡得到皇帝的嘉赏。尽管如此，他也从来没有表现过一丝的自大骄横，反而十分恭俭温顺、仁慈大度，从来没有人看到他表现出大喜大悲的表情。他很喜欢与贤良们做朋友，喜欢拔擢有才华的后进之士。虽然他的职位极重且年事很高，但对工作从没有过厌倦。

明·文徵明《石湖图》

总须设法将权位二字推让少许，减去几成，则晚节渐渐可以场耳。

【注释】

场：得其所。

【译文】

总是应该将“权位”这两个字推让一些，减去几成，那么晚年渐渐可以悟到人生的意义。

【道理】

贪权恋位，过犹不及。将权力和地位稍稍看淡一些，不汲汲而营，不耿耿于怀，晚节反而更容易保住。倘若冒冒失失，求进心切，其名声反而受损。

陈婴让位属兵项梁

陈婴是秦末东阳人。他从小注重德行修养，在乡里很有名望。秦末天下大乱时，东阳人造反，想要推举陈婴为领袖。他的母亲劝阻他说：“不能答应啊。自从我嫁到你家做媳妇，就贫贱穷困惯了，现在一下子变得富贵，恐怕不是吉祥的事情。你还不如把兵权交给别人，倘若别人成功了，你或许可以得到一些好处；要是失败了，祸害也落不到你的头上。”陈婴听到母亲这样说，就把兵权交给了项梁，项梁把陈婴封为上柱国。后来，项羽兵败后，陈婴又归附于汉，被封侯。

明·沈周《柳荫坐钓图》（局部）

少劳而老逸犹可，少甘而老苦则难矣。

【注释】

劳：劳苦。甘：逸乐。

【译文】

少年时劳苦而年老体衰时安逸还可以，反之少年时候逸乐而老年体衰时劳苦则很难了。

【道理】

少年劳苦，是为以后的人生打拼，最终会迎来安逸的时光。而少年时看似安逸，实际上是在浪费青春，透支未来的幸福，最终一无所获一事无成，那么老来无所依靠，必然苦不堪言。

秦观后悔

北宋词人秦观年轻的时候，读书看一遍就能背诵默写。依仗有这样的天赋，他开始放松对自己的要求，放任自流，经常与巧言善辩、能喝酒的人交往，一月之中，没有几天是在看书的。纵然他有很强的记忆力，因为懈怠，学业也荒废了。后来年长许多后，他才意识到自己的学业已经退步。于是开始勤奋治学，却发现自己没有以前那么聪敏了，记忆力也衰退了许多，还不如以前十分之二。每看一本书，心中反复推敲几遍，合上书就又不知所云了。此时再勤奋刻苦，却常常因为善忘而荒废，于是他感慨：“破坏我学业的，就是这两样东西啊！年轻时，强记而不勤，年长后，虽勤而不记！”由此，他就通过编辑《精骑集》来扬长避短，使自己学有所进。

清・光绪行书

一刻千金，切不可浪掷光阴。

【注释】

浪掷：大把大把地浪费。

【译文】

光阴一刻值千金，千万不可大把大把地浪费时间。

【道理】

人生苦短，时光可贵。本不易得的时光被轻易地浪费掉，着实可惜。应该抓紧有限的时光做更有意义的事情。

陶侃搬砖

魏晋时期，陶渊明的祖父陶侃曾为广州刺史。有段时期，公事闲暇，他没有什么事情做。为了打发时光，陶侃就拟了一个计划，早上，他把一百多块砖从房子里搬到户外去，到晚上的时候，就又把这些砖都搬到房子里面来。他的妻子问他："这是做什么呢？"陶侃回答道："我刚刚效力朝廷，为官办事，如果过于悠游闲逸，时间长了，恐怕就会变得无能为力，不堪一击。为了保持强健的身体和清醒的头脑，我要日日磨炼自己。"他曾经跟人说："大禹圣人爱惜一寸一寸的光阴，至于一般的人们，至少得珍惜一分一分的光阴，怎么能逸游荒醉。活着的时候无益于时代，死了之后又无闻于后世，这样的人是自暴自弃的人！"

明·李在《归去来兮图之二——临清流而赋诗》

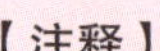

每日作事愈多，则夜间临睡愈快活。

【注释】

作：同“做”。愈：越。

【译文】

每天做的事情越多，晚上临近睡觉的时候越觉得快活。

【道理】

每天做的事情多，收获一定也更多。充实的一天让我们心安，觉得这一天的时光没有白白耗费。所以要告别这一天的时候，我们会觉得踏实心安，睡得更好更香。

尹梦为奴

周代时，有一户姓尹的人家产业很兴旺，他们的奴仆们从早忙到晚都不得休息。有一个老仆人即便筋疲力竭了，尹家的人还是不停使唤他。这个老仆人白天卖力干活，到晚上因为十分疲倦，他总是倒头就睡，熟睡后就会做梦。每天晚上他都梦到自己成为了一个国家的君主，管理国家事务，还四处游历，随心所欲，快活无比。起床以后，他又继续干活。有人见他干活很卖力，就劝他稍微偷下懒，他却说：“人生百年，昼夜分明。我白天做奴仆，是有点辛苦，但是晚上梦中做君主，却十分快乐。还有什么好抱怨的呢？”而尹氏每天汲汲营营，忧虑家业，劳心又劳神，以至于晚上入睡后总是梦到自己成为别人的奴仆，四处奔走，什么苦都要吃，还被责备被鞭打，受尽凌辱。尹氏对此十分苦恼，求助于他的朋友，他的朋友就说：“劳苦和安逸，循环往复，十分正常。你怎么能够两者兼得呢？”尹氏听了，对他的奴仆宽容了很多，也减少了自己的思虑。之后他的病就好了许多。

宋·马和之（传）《豳风图——七月》（局部）

起早尤千金妙方、长寿金丹也。

【注释】

尤：犹如。

【译文】

起早犹如千金难买的奇妙药方和让人长寿的金丹。

【道理】

一年之计在于春，一日之计在于晨。早起可以让人有更充足的时间着手新的一天要做的事情，可以让人在完成事情后精神更好。精神好的人身体也会好，身体好则长寿。

早起三光

清代的石成金出身于扬州望族，天资聪颖，自小饱读诗书，经、史、子、集无不通晓，一生以教书著述为业，著作甚富，《传家宝全集》为其代表作。他十分注重早起的习惯。他在其著作《传家宝全集》中写道："人至清晨，精神倍加，此时读书，大有进益，此时做事，极有功劳，况家内杂事，又须早办。谚云：'早起三光，迟起三慌'"。

清・张敔（yǔ）《双鸟啄柳图》

而保养之法，亦唯在慎饮食节嗜欲，断不在多服药也。

【注释】

节：节制。断：副词，一定，绝对。

【译文】

保养的方法，在于注意自己的饮食，节制自己的嗜好和欲望，绝不在于多吃药。

【道理】

病从口入，饮食不可不慎。嗜好欲望过多，会损耗精神和身体，应适当节制。是药三分毒。服药对身体不一定好，尤其就保养方法而言，更要注意。

程颢养生

南宋的理学家程颢的学识广博，威望很高。当时，导气养生之法十分流行。有人谈到了导气，就专程前去请教程颢："先生你也用这样的方式来养生吗？"程颢回答道："我只是夏天穿葛衣，冬天穿毛衣，肚子饿的时候吃饭，口渴的时候喝水，谨慎自己的饮食，节制自己的嗜好和欲望，安定自己的心情和情绪，就这样养生而已。"这人听了，深为叹服。

清·周𬍤《潜龙在天图》

药虽有利，害亦随之，不可轻服。

【注释】

随：伴随。轻：轻易。

【译文】

药物虽然对治病有利，其害处也与其利相随，所以不可以随意服用。

【道理】

药对症才能起到治病的好作用。若随意服药，不但没有好处，还会破坏身体的平衡，导致新的病症。

唐宣宗服食

唐宣宗李忱生性沉默寡言，他登基以后治国有方，被称为“小太宗”。然而，躬亲庶务、日理万机的唐宣宗渐渐发现自己的身体有了衰老的迹象。虽然他每每告诫自己不能像秦始皇、汉武帝那样被方士所惑，但每当力不从心的时候，他就想寻访丹药来强体延寿。后来，他听说罗浮山的隐士轩辕集善于养生，健康长寿，于是就派人前去邀请他入宫，问道：“先生有办法让人长寿永生吗？”轩辕集回答道：“撤去声色，去除五味，不哀不乐，遍施厚德，自然就能够跟天地一样有德，与日月一样有光芒，又何必求长生呢？”唐宣宗以为轩辕集故意不肯传授长生秘诀，于是留他在宫中住了一个多月。轩辕集还是坚持要回到山中去，唐宣宗无奈，只好让他回去了。此后唐宣宗寻求不老之药的心思更加急切，后来竟因乱服丹药，以致中毒身亡。

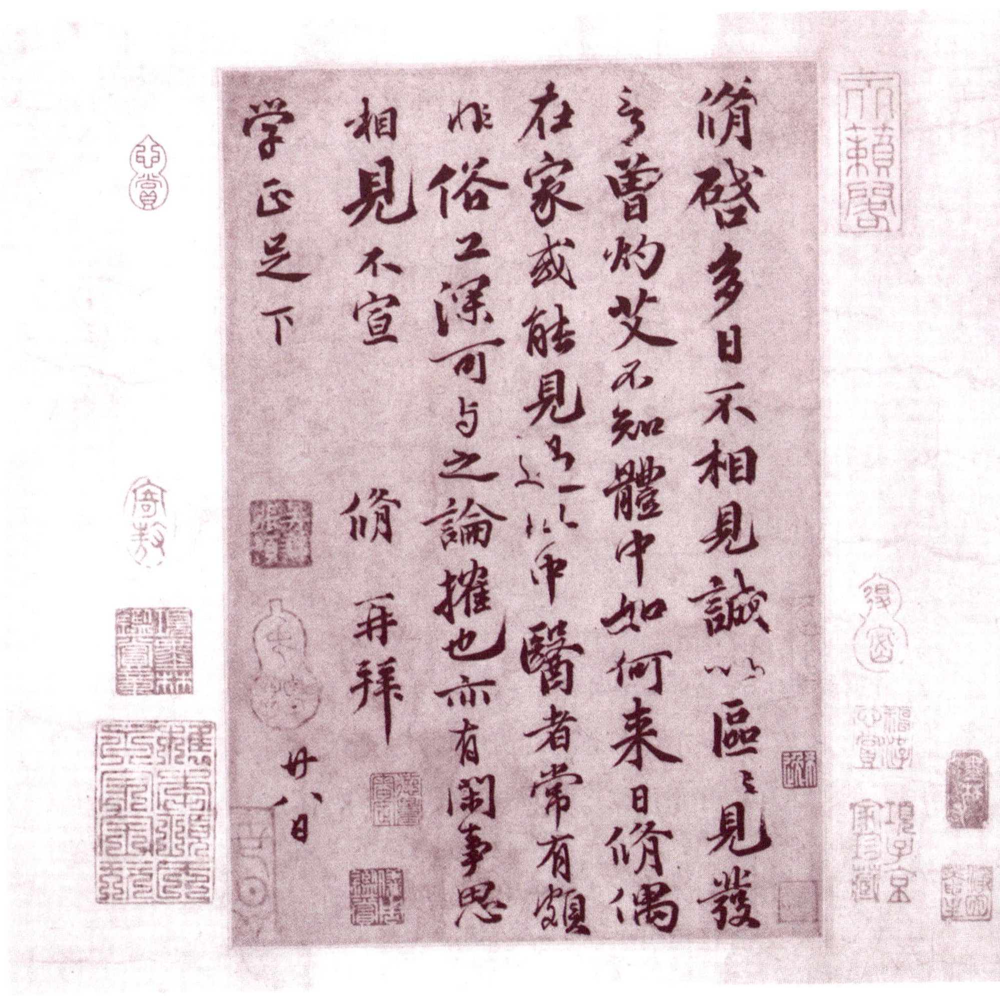
脩啓多日不相見誠以區區見發
言曾灼艾不知體中如何來日脩偶
在家或能見過此中醫者常有頗
非俗工深可與之論榷也亦有聞事思
相見不宣　脩再拜
學正足下　廿八日

宋·欧阳修《灼艾帖》

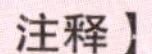

饮食有节，起居有常。

【注释】

节：节制。常：规律。

【译文】

饮食有节制，起居有规律。

【道理】

要想身体健康，就要从饮食和起居入手。饮食有所节制，不加重肠胃的负担。起居要有规律，使身体有张有弛，劳逸结合，这才是保养身体的方法。

岐伯说寿

《黄帝内经·素问》记载，黄帝曾问岐伯："我听说说遥远的古代的人，都能活到一百岁，并且动作依然能充满活力。现在的人年龄才半百，就动作不麻利了，这是因为世道不一样了呢，还是人们有什么过失？"岐伯回答道："古代的人，他们很懂得养生的道理，效法阴阳变化的规律，注重调节身体，并且做到饮食有所节制，起居有所依度，不躁动。所以他们总能保持自己的神采，得以终其天命，寿过百岁。现在的人则不是这样，他们酗酒妄动，只贪图一时的快活，生活起居没有任何节制和规律，所以才五十岁就开始衰老了。"

宋·杨世昌《崆峒问道图》
黄帝求道于上古仙人。

每日饭后走数千步，是养生家第一秘诀。

【注释】

略。

【译文】

每天吃饭后走上几千步，是养生专家们最重要的秘诀。

【道理】

俗话说“饭后百步走，活到九十九”。茶足饭饱之后，人体的消化系统就开始了繁重的工作，饭后百步，有助消化，同时舒筋活络，对于养生十分有益。

青牛道士言食

汉代陇西有个方士，名叫封君达。他曾经吃了五十多年黄连，后来到鸟举山去修炼，炼丹服药数十年。当他回到乡里的时候，其容貌俨然二十岁的样子。他经常乘坐青牛四处游走，故而号为“青牛道士”。有人询问他的养生之道，他说：“吃饭不要过饱，所以我总是等到饥饿了才吃饭；喝水也不要过多，所以我总是等到口渴了才喝水。吃完饭后走上数百步对身体十分有益。晚饭后走上五里路的样子然后才睡觉，就可以除去百病。”

清·萧晨《踏雪寻梅图》

知足天地宽，贪得宇宙隘。

【注释】

贪得：贪心想要得到更多的东西。

【译文】

知足的时候，感觉天地都很宽广；贪心，什么都想得到的时候，感到整个宇宙都很狭隘。

【道理】

知足常乐。越是想要更多的东西，就越是感到不满足，反而被这些想要的东西所奴役。有时候，越是把目光放在自己尚未拥有的东西上，就越是感到失落难过，以致心情压抑，厌世烦人。而活在当下，把握幸福，却会让人更加的轻松和快乐，感觉已有的一片天地，足够自己飞舞徜徉。

荣启期自宽

孔子在泰山游览，见到荣启期在郕（chénɡ）地的郊外漫步。只见他穿着粗布皮衣，腰上系着绳索，一边弹琴，一边唱歌，怡然自得。孔子见他很高兴的样子，忍不住问他：“你怎么这么快乐呢？”荣启期回答道：“我快乐的原因很多啊。天生万物，而人最为贵，我正好生为人，这是值得我快乐的第一个原因。男女有别，在这男尊女卑的时代，我生为男性，这是值得我快乐的第二个原因。有的人夭折了，而我已经活到了九十岁，这是我快乐的第三个原因。贫困是士人的寻常现象，死亡是人的必然归宿。我在这种寻常的现象中能够尽我的天年，我还有什么可以忧虑的呢？”孔子听了，赞道：“真好啊，你真能自我宽慰！”

明·李在《归去来兮图之四——抚孤松以盘桓》

总以戒酒为第一义。

【注释】

义（yí），准则，法度。

【译文】

总要以戒酒为第一条生活的法则。

【道理】

酗酒伤身伤神，戒之对身体有百利而无一害。

蔡齐戒酒

北宋时有个官员名叫蔡齐，他很喜欢喝酒。任济州通判的时候，他每天都要喝很多酒，总是醉醺醺的。当时他的母亲已经很老了，十分担心他酗酒过度。有一次他的老师贾存道前来拜访他，蔡齐就款待了他好几日。老师一向觉得蔡齐十分贤能，就十分担心他因为酗酒而让身体染上疾病，于是就写了一首诗劝诫蔡齐："圣君恩重龙头选，慈母年高鹤发垂。君宠母恩俱未报，酒如成病悔何追？"蔡齐看了之后，幡然醒悟，起身拜谢贾存道。从那以后，他毅然戒酒。

唐·孙位《高逸图》（局部）

图中持酒者为刘伶。只见他回头欲吐，童子忙持唾壶跪接。

勤学如春起之苗，
不见其增，日有所长；
辍学如磨刀之石，
不见其损，日有所亏。